STARWOMAN

STARWOMAN

CARMEN ALIAGA

3/10

STARWOMAN
Primera edición: abril 2024

© De los poemas: Carmen Aliaga
© De la fotografía de la autora: Aimar Pellés Aliaga
© Del diseño de cubierta y maquetación: Nautilus Ediciones
© De la selección de poetas y coordinación editorial: Samuel Trigueros
    Nautilus Ediciones
    nautilusedicioneshn@gmail.com

ISBN: 978-84-10241-03-9
Depósito Legal: Z 705-2024

Impreso en España, Unión Europea

CARMEN ALIAGA SEVILLA
(España)

Nació en Zaragoza, donde reside en la actualidad. Imparte charlas y talleres literarios en diversos centros educativos y ha sido jurado en numerosos certámenes de narrativa, poesía y cuento. Participa en recitales y encuentros poéticos dentro y fuera de Aragón.

Está incluida en diversas obras conjuntas, entre ellas *Antología de la Margen Izquierda, Universos para Somalia, Antología de Poetas Aragonesas Yin, La danza de la muerte, Mujeres con voz, Las tentaciones del río Huecha, Salou en la Memoria* y en el Proyecto del Gobierno de Aragón Parnaso 2.0 (Antología de Poesía Aragonesa del S.XXI).

Su primer trabajo en solitario, *Higligths,* una colección de poemas que hacen referencia al mundo cinematográfico, fue publicado el 2016 por la Editorial La herradura oxidada. Posteriormente, ha publicado *Libro Huérfano* y *Madeleine y las otras* (Finalista Premio Poesía Cálamo/ Gesto) en la Editorial Olifante, en 2017 y 2019, respectivamente.

Desde hace varios años, lleva a cabo junto a Maríaconfussion el proyecto "Nosotras", un espectáculo teatral de poesía y música contra la violencia de género.

Agradecimientos

A Agustín Blanco, por recorrer los planetas del verso.

A mi familia y mis amistades.

A mi hija, semilla y fruto, siempre.

Dormido en las aguas, esperanza, lánzame una soga firme...

Manuel Estevan

Después del naufragio
las olas, sumisas,
carecen de recuerdo
de maldad, de memoria.

Agustín Blanco

¡Starwoman!

Oigo tu llamada
atravesando el tiempo.

       -The Final Countdown-

Él último baile
de un año como todos,
reversible y difícil.

¡Mujer de las Estrellas,
ven a mí!

Entre likes y señales,
(abreviaturas)
dices que has descubierto
mi latido galáctico
mi fantástico estar
fuera de onda,
la aventura terrestre
donde alcanzamos
esa primera
vibración del mundo,
dedo en Dios que señala
nuestro primer encuentro.

Y yo

-¡Oh, esa voz!-

me digo,
potente y giratoria,
la única capaz
de repetir mi nombre.

¿Dónde te encontraré?

En las esquinas de un teatro
interestelar,
en los meses primeros
de la conciencia,
en la bola de nieve
advirtiendo un futuro,
que nos hará estallar
únicos y felices.

¡Starwoman!
¡Starwoman!

¡Mujer de las Estrellas,
ven a mí!

Despliegas tu camisa
y giran en tu órbita
selfies,
emoticonos,
mis pechos siderales
como lunas redondas,
esféricos satélites
gravitatorios.

You plant your flag
y extiendes tu cartógrafo,
la escala de tus mapas,
de tu país, de Europa,
de la Tierra al completo.

Tú, el enorme astronauta
capaz de dominar
el Universo.

¡Starwoman!
¡Starwoman!

Dulce pronunciamiento
tu palabra de héroe,
en días que dan vueltas
cual platillos volantes,
circular plataforma
donde descanso
de la desviación,
de números,
fichajes,
cartas de navegación
de efervescentes chicos
que se me acercan
con su ración de amor
y un cuchillo en la boca
para besarme.

El trayecto diario
es un pequeño puente
de un astro a otro.

Ha crecido un helecho
en la esquina amarilla
del Paseo Sagasta.

El mayordomo triste
riega la madreselva,
moja mi pensamiento,
mi cabellera de ficción,
mi calzado aerostático.

Él no sabe que soy
tu linda extraterrestre
soñando ese mensaje
detrás de la pantalla
de mi Samsung,
creciendo ya muy lejos
de la Avenida Goya,
preparando la cápsula
de nuestro Porvenir.

¡Starwoman!
¡Starwoman!

Siempre supe la forma
en que me alcanzarías,
la nave plateada,
tu vocablo distinto,
el eco de tu voz,
más allá de Saturno,
tu mano acariciando
la cubierta de Marte.

Y ahora soy inmune
al disparo del hombre,
el ángel de la guarda
del firmamento,
la que puede apresar
la fortuna,
el axioma
y el verbo,
las Cinco Errantes,

el Cometa de César,
la luminaria,
la excelencia
y el brillo
de la oportunidad.

¡Starwoman!
¡Starwoman!

Orbito alrededor de tu llamada.

La perfecta fusión
de tu masa corpórea,
nomenclatura
exacta
y astronómica.

Y llegas tú,
tras el delgado disco,
la colisión
de ruedas y cohetes,
de nicotina y suelo,
de cáscaras de pipas
y ladridos de perros,
bañándose,
involuntariamente.

Yo envuelta en mi epidermis,
en el campo magnético
de tu camisa tropical.

¡Mujer de las Estrellas,
ven a mí!

-Traigo hasta aquí mi coche,
mi bólido espacial-
repites desde arriba.

-Apoya tu mentón
sobre mis pantalones
y muerde mi colapso,
esa gran nebulosa
de mi próximo orgasmo-.

Yo guardo tus whatsapps
y su efecto dinamo,
la radiación de tu sonido
ocupando con fuerza
las casitas de ricos,
el furor de las rosas
que brotan disculpando
mi despiste.

Me atropellan los taxis
que de mala manera
aparcan frente al céntrico
ambulatorio
y dejan a los viejos
esperando la hora
de la analítica,
aguardando quizás
un resplandor
que nunca llega,
el boomerang de su lejana
fortaleza.

No,
yo nunca estaré así.
Es la señal del radar,
anuncio tubular
de tu vocabulario
cósmico.

                    ¡Starwoman!
                    ¡Starwoman!

Yo no envejeceré,
no tendré el nivel alto
de azúcar en la sangre,
la médula cansada
de atmósferas,
catarsis,
brebajes curativos.

No será necesaria
la maniobra
de la tripulación.

Seré Calypso,
Ophelia,
la Galaxia de Andrómeda.

Por los cuatro costados,
me abrazarán tus astronaves
y entonces me haré alta,
como la Luna.

Mujer de las Estrellas,
Estrella de neutrón,
Pulsating Star,
mi púlsar y mis pulsos
te buscarán.

La Nebulosa del Cangrejo
en nuestra cama limpia,
radiante y radioactiva.

Ha estallado el verano
y su pronóstico.

Magníficas rebajas
de zapatos,
de dientes deslumbrantes
como el Planeta Blanco,
el sorprendente tratamiento
de fertilización.

Disminuye el caudal
de los ríos,
mientras se alza gloriosa
la primera bandera
de Confederación
y el mundo entero exhibe
su semana de playa,
lejos ya de las naves de ataque,
más allá de la Nube
de Magallanes.

Pero hoy, como anuncio
del fin de todo,
hoy, como cumplimiento
de profecía.

      -Lágrimas en la lluvia-
      -End of the world-

Hay un silencio raro,
una rareza,
una roca de miedo
en mi Brazo de Orión.

¿Qué mutación se ha dado,
qué ha sucedido,
qué deidades me arrojan
su sable y su monólogo?

¡Starwoman!
¡Starwoman!

Oigo tu voz ahora
de titán enfadado.

Se quema nuestro amor
bajo tu Spyder.
Se han volcado las ruedas
de los amantes.

Calculo la distancia
que va de mi flequillo
al casco de metal,
a tu metálica palabra,
en esta travesía
cosmopolita,
Cinturón de Asteroides
que rodea el asfalto
de la Gran Vía.

¿Qué misterio,
violencia
de estrella enana,
atenúa mi luz,
llamarada gigante,
mancha solar con forma
de collar en la noche?

El halcón del invierno
se ha llevado en sus garras
lo que fue un espejismo.

Siento como epidemia
la inclinación caótica,
ojo rojo en la frente
encendiendo
deprisa
su telescopio,
su telúrica mano
dispuesta ya a arrancarme
el corazón de cuajo.

¡Starwoman!
¡Starwoman!

Enúnciame de nuevo.

La mutación apresa
mis invisibles alas.
Hay un pájaro quieto
en la carretera.

Ha muerto del calor
de este agosto maldito,
treinta y ocho con siete
sobre la esfera.

Los vestidos de flores
en los escaparates
como cráter de impacto
de Neptuno,
penetran en mis ojos
cual agujeros negros.

¿Qué me pondré yo ahora
si no vienes a verme?

Mi mortaja,
mis jeans,
tu ropa tropical,
esa tela de araña
que me dejó desnuda.

Mi pantalla de plasma
es como un ataúd.

Leo mis iniciales
junto a los rayos gamma,
arritmia,
anomalía,
cero velocidad,
estrella fugitiva
reclamando mi sitio

Vía Láctea tú,
leche amarga
este espacio
de abandono.

Arde el contenedor,
el pequeño rectángulo
de la temperatura,
38,7
círculo de sudor,
las manos del obrero
pidiendo auxilio
en el fondo del pozo
de la monotonía,
en el volcán de asfalto
y hormigón.

Arden los revisteros
de la Agencia de Viajes,
trayecto y aviones
de un mundo hecho a medida
de lo falso.

No ofrecen
nuestra marcha
en su catálogo,
la extraña duración,
el punto de regreso
al cero punto cero,
el recorrido inverso
de la caricia.

¡Starwoman!
¡Starwoman!

No ensalzas ya mi nombre.
No me ofreces tu asiento
en nitrógeno líquido,
Anillo de Plutón.

Arden las joyerías
de la elegancia,
Paseo de las Damas,
la miopía,
el cristal de la óptica,
de aquél que en su episodio
como ciencia ficción
ya no me reconoce.

Es mejor,
es mejor
mirar hacia otro lado.

Hacia el cordón pelado
de las Convers,
38 con siete,
37 con ocho.

-Solo los ojos grandes,
solo los ojos-

La anoréxica suma
los gramos del pastel,
kilometraje,
38 con siete
y el Parque Grande
que ha cambiado de nombre
y de perfume.

Arde cada mujer,
ardo entre ellas,
junto a la piel anémica
de las ciudades.

Quizá pude vender
el montón de chatarra
de todas las cabezas
mas solo soy un circo
de andamio y llanto.

Saltimbanqui Starwoman
sosteniendo el dilema
de los Anillos de Plutón.

Mujer de las Estrellas.
De otros mundos vendrán.
Yo he de llamarles.

Recogerán mi cuerpo
desplomado,
la materia fecal
del Parque Pignatelli
junto a los huesos rotos
de la perplejidad.

De otros mundos
vendrán.

Yo les habré advertido
de la desdicha,
de la mentira absurda
de los humanos.

Tomarán una muestra
de mi vacilación,
un indicio de sangre
en un pequeño tubo,
la mentira disuelta
entre los hematíes,
las más absurda
desfachatez de un hombre
que lanzó sin prejuicio
una simple palabra.

¡Starwoman!
¡Starwoman!

El disparo ocurrente
de un puñado de letras,
porción de incertidumbre
en el hipocampo.

Caballo de batalla
que perdió la carrera,
caballito de mar
sin una extremidad
para asir la memoria,

el pequeño animal,
su larga travesía
en agujero de gusano.

-Mancha roja de Júpiter-.

El recuerdo y su striptease
de bailarina
sobre la barra vertical
de los sucesos,
horizonte de duda
intergaláctico,
el cerebro celeste
y aturdido.

       -Moment Of Deach-
       -Moment Of Deach-.

Un pequeño gorrión
presa de la canícula
de un mes terrible,
de la banda sonora
de una película,
un monólogo cruel,
su eco replicante

        -Moment Of Deach-
        -Moment Of Deach-

allí junto a la Puerta
de Tannhäuser.

Índice

Los textos contenidos en este libro
-titulado *STARWOMAN*-
forman un sólo corpus poético,
concebido así por su autora.

STARWOMAN
de Carmen Aliaga
-3/10 de la Colección Capitanas 2-
se terminó de editar y maquetar
por Nautilus Ediciones
en Zaragoza, España,
en abril de 2024.